산골풍경 II

이명우 열두 번째 시집

산골풍경 11

초판인쇄 2018년 7월 16일
초판발행 2018년 8월 1일

지은이_ 이명우
발행인_ 이현자
발행처_ 도서출판 현자

등 록_ 제 2-1884호 (1994.12.26)
주 소_ (우)04550 서울시 중구 수표로 50-1(을지로3가, 4층)
전 화_ (02) 2278-4239
팩 스_ (02) 2278-4286
E-mail_001hyunja@hanmail.net

값 10,000원

ISBN 978-89-94820-37-8 03810

이 도서의 국립중앙도서관 출판예정도서목록(CIP)은 서지정보유통지원시스템 홈페이지(http://seoji.nl.go.kr)와 국가자료공동목록시스템(http://www.nl.go.kr/kolisnet)에서 이용하실 수 있습니다. (CIP제어번호 : CIP2018021870)

산골 풍경 II

이명우 열두 번째 시집

도서출판 현자

자서自序

지식은 입력이지만
지혜는 생각이다
지식은 선생이 가르쳐주지만
지혜는 온 세상 우주가 가르쳐준다
지식+지혜=시
지식의 눈으로 보는 건 사진이지만
지혜의 눈으로 보는 건 시다
지혜의 눈뜨기 공부
그 눈에 보이는 풍경
여기가 지금 내 시 세계이다

차례

제1부_

제2부_

제3부_

제4부_

우포늪 새벽 물안개

제1부

시작詩作 메모

소리를
먹어 본다
고소한
그 맛

산골풍경 761

태양도 속상하고 슬프고 즐거움이 있는가
혈압을 재어 본다
혈압이 내려갈 땐
체온이 식어서 겨울이 되지만
혈압이 올라갈 땐
체온이 뜨거워져 여름이 된다
그리고 때로는
구름 뒤에 숨어서 울기도 하고
눈보라 치면서 신경질도 낸다
태양의 기분 따라
요동치는 지구
지구의 기분 따라
요동치는 나

산골풍경 762

별을 낳아 키우는
하늘 엄마가 있습니다
아가 별들은
젖을 먹여 키우는 게 아니라
밤안개를 먹여 키운다고요
하늘 엄마가
오늘 밤도 이 산골에 와
밤안개를 걷어서 짊어지고
올라가고 있습니다

산골풍경 763

날아가는 구름 위에 지은
우리 집에 앉아 내려다봅니다
우리 집은 가만있는데
우리 집 아래엔
산이 지나가고
강이 지나가고
바다가 지나가고 있습니다
세월도 지나가고 있습니다
위로는 하늘도 지나가고요
우리 집은 가만있는데
내려다봐도
쳐다봐도
천연색 영화가
상영되고 있습니다

산골풍경 764

뽀송뽀송한 비구니의 얼굴
고이 접은 보조개엔
천사들이 모여 앉아 소꿉놀이를 하고 있고
천만리로 넓고 깊은 양미간엔
천연색 꿈들이 망울망울 맺혀 있고
백옥으로 하얀 목덜미엔
부처님의 강이
열두 갈래로 흘러갑니다

소매몰도

산골풍경 765

초봄에 심어놓은 꽃나무를
여름 지나 와 보니
잡초 넝쿨 속에서 죽어 있네요

얼마나 발버둥 치다가
얼마나 깔딱거리다가
얼마나 나를 부르다가
잡초에 목 졸려 숨졌을까

지금의 내 인생이 그러네요
생활의 잡초 속에서
발버둥 치는 힘이 줄어들고 있습니다
불러 볼 사람도 없습니다

산골풍경 766

첫눈 내리는 날
칠십다섯 살 어린 내가
산토끼가 되어
숲속을 팔딱팔딱 뛰어놀다가 본
길 잃은 미아 귀신
울고 있는 아가 귀신을 데려와
송장 즙을 먹여주었더니
배가 부른가
스르르 눈을 감고
내 품에서 색색 잠들었어요

산골풍경 767

추억이 풀어놓은
기억 속의 인연들이
허공의 화면으로
다가오는 이 밤
나 혼자 주인공이 되고
나 혼자 관객이 되어
울며 웃으며
이 밤을 지새운다

산골풍경 768

산의 숲은 나무이고
하늘의 숲은 구름이지만
바다의 숲은 파도이고
사랑의 숲은 그리움이어라

고흥 점안면 팔영산

산골풍경 769

6·25 전쟁 때
윗무라이 동네
뒷간 가다가 총 맞아 죽은
나를 귀어워해 주던
아랫집 월용이 형
지금 어찌 사는지
저승으로 보낸 편지
수취인 부재
반송되어 왔네

6·25 전쟁 중에 우리 집 아래 밭을 지나 있는 집, 월용이 형이 밤에 마당가에 있는 뒷간에 가다가 인민군에 놀라 도망가다가 밭 가운데서 총 맞아 죽었다. 월용이 형을 본 그 아침 모습이 아직도 선명하게 내 마음에 새겨져 있다.

산골풍경 770

열심히 열심히 살다 보면
그 강 건너에
즐겁게 즐겁게 사는
세상이 보입니다

즐겁게 즐겁게 살다 보면
그 강 건너에
미쳐서 미쳐서 사는
세상이 보입니다

미쳐서 미쳐서 살다 보면
그 강 건너에
어느새 다 이루어져
있음이 보입니다

산골풍경 771

하늘로 올라가는 사다리 하나
이 산골 원두막에 있습니다

저승으로 내려가는 사다리도
이 산골 원두막에 있고요

구경 가고 싶은 사람
누구든지 오세요

사다리를 타 본 사람만
아는 세계가 있습니다

산골풍경 772

잠을 깬 구름이
산을 넘는 아침
이슬들이 초롱초롱
눈인사를 건네고
바위는 아직도
코를 골며 자고요
구절초는 입이 방긋
친정 부모에게 안부전화 걸고
햇살 한 움큼 숲을 뚫고 올라와
부챗살로 펼쳐지는
이 산골 아침입니다

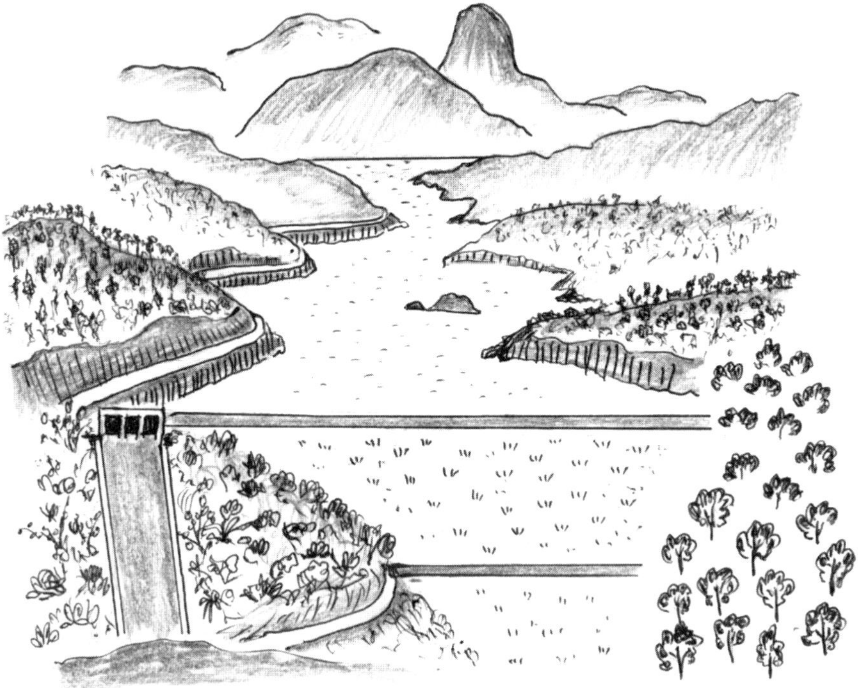

문경동로 경천호

호수 저멀리 내 초등학교가 잠겨 있고
먼 산이 공덕산, 뾰족산이 천주봉
그 사이에 내 고향 무라이 동네가 있다

산골풍경 773

하늘 둘레길을 걷습니다
물만 출렁이는 물별
불만 활활 타는 불별
황금으로만 된 금별
유리로만 된 유리별
　　　　바위별 꽃별
　　　　무쇠별 고무별
　　　　종이별 바람별
　　　　삼각별 뿔별
　　　　막대별 오목별 지나
하늘 휴게소에 들렀습니다
부처님과 하느님이
날줄 씨줄 구만 줄로 된
바둑을 두고 있고
그 옆에
용왕님과 신령님도
시를 읊고 있습니다

산골풍경 774

오늘의 초승달은 왜 저리 기분 좋은고
달싹이는 입술 사이로
까르르 까르르 쏟아져 나오는 노래

오늘이 내 생일입니다
꼬까옷 지어놓고 엄마가 기다려요
깡충깡충 뛰면서 산 넘는 초승달

산골풍경 775

추워도 불평 없고
더워도 말이 없고
비가 와도 울지 않고
눈이 와도 웃지 않는
저 바위 좀 보아요
세상 풍파 다 겪어 왔고
온갖 역사 다 알고 있어도
입을 꽉 다물고 말이 없네요

산골풍경 776

원두막을 지어 놓았더니
학교가 되었습니다

솔바람이 모여 앉아
노래 공부를 하고 가고

햇살이 모여 앉아
요가 공부를 하고 가고

구름 모여 앉아
학춤 공부를 하고 가네요

나는 저절로
이 학교 교장이 되었습니다

정선 동강

산골풍경 777

피어나는 꽃구름은
딸아이의 꿈이고요

넉넉한 보름달은
어머님의 초상화이고요

이글거리는 태양은
아버님의 심장입니다

산골풍경 778

부끄러워 말 못 하던
내 맘속 언어 하나가
뒷산으로 도망가서
세월을 먹고 자라더니
소쩍새로 둔갑해서
밤이면 밤마다
이 산 저 산 옮겨가며
소쩍소쩍 토해내며
하소연하고 있습니다

영동 도마령

산골풍경 779

익어가던 산초가
일제히 눈을 떴어요

초롱초롱 반짝이는
까만 눈망울
그 속에 뛰어노는
하얀 꿈들이
첫 순정을 보듬어 안고
저들끼리 왁자지껄
깔깔거립니다

제2부

시작詩作 메모

빛깔을
먹어 본다
상큼한
그 맛

산골풍경 780

꿈은 무엇을 먹고 사나요
희망을 먹고 살지요

그리움은 무엇을 먹고 사나요
사연을 먹고 살지요

역사는 무엇을 먹고 사나요
세월을 먹고 삽니다

나는 무엇을 먹고 사나요
시를 먹고 삽니다

신골풍경 781

딸아이가 폴삭 날아와
최고 작품이라면서
일그러지게 그린 엄마 얼굴을
엄마에게 보여주면서
엄마에게 묻는다
엄마의 최고 작품은 무엇이야
빙그레 웃고 있던 엄마
그래 나의 최고 작품은
지금 나를 쳐다보고 있는
네가 내 최고 작품이야
그러면서 꼬옥 품어주는 엄마

산골풍경 782

봄 햇살로 실을 뽑아
만든 천으로
저녁노을 삶은 물에
염색을 해서
잠옷을 만들어
아내를 주었더니
허리가 꼬부라져
입지를 못 하네

산골풍경 783

하느님이 슬픔이 없다면
구름 뒤에 숨어서 울지도 않을 거고요
천둥으로 고함치는 푸념도 없을 거고요
태풍으로 휘몰아치는 신경질도 없을 거예요

아 무서워요

하느님이 슬픔이 없다면
살아 있는 세상은 메말라
죽은 세상이 될 거예요
이제 알았어요
슬픔도 소중한 것을

용송기념 381
(경기도 이천시 백사면 도립리)

신골풍경 784

밟아온 세월
저 높은 절벽 위에서
사연의 샘물로 솟아
쏟아지는 추억의 폭포
폭포의 분말들이
내 역사의 토양 위에
무지개로 피어
나의 하늘이 아름답습니다

산골풍경 785

조상 때부터 원수였지만
이젠 화해하자고
이 원두막에서
물과 불의 평화언약

살다 보니 이런 날도 있네요

불과 물이 얼싸 안고
불 속에서 물이 출렁이고
물속에서 불이 이글거리고
경이로운 이 모습
오늘 처음 봅니다

산골풍경 786

달나라 3번 국도
휴게소에는
그리움을 찧어내는
방앗간이 있습니다

나도 그리움을 찧으러 갑니다
검문소에서 통과가 안 되네요
별에서 오는 손님은 통과가 되는데요
지구 손님만 안 된다네요

별에는 천사들이 살지만
지구에는 인간들이 살아서일까요
그 내력이야 알 수 없지만
우주에서 따돌림 받는 지구입니다

산골풍경 787

신선집엘 갔지만
함지박 가득 달빛을 받아
마음을 빨아 널고 있네요
그래서 신선의 마음은
언제나 티 하나 없이
깨끗한가 봅니다
마음에 묻은 때는
책으로도 씻지 못하고
비누로도 씻지 못하고
달빛으로만 씻을 수 있다 하네요
그런데 나는
달빛을 받을 줄을 모릅니다

산골풍경 788

바람아
이리 차운 겨울밤인데
너는 무슨 사연이기에
이리 깊은 밤인데도
잠 안 자고
나의 창문을 뒤흔드는고
그 사연 모른다마는
이젠 돌아가서 잠들 수 없는가
아서라 마러라
들은 채 만 채
불고 있는 밤바람

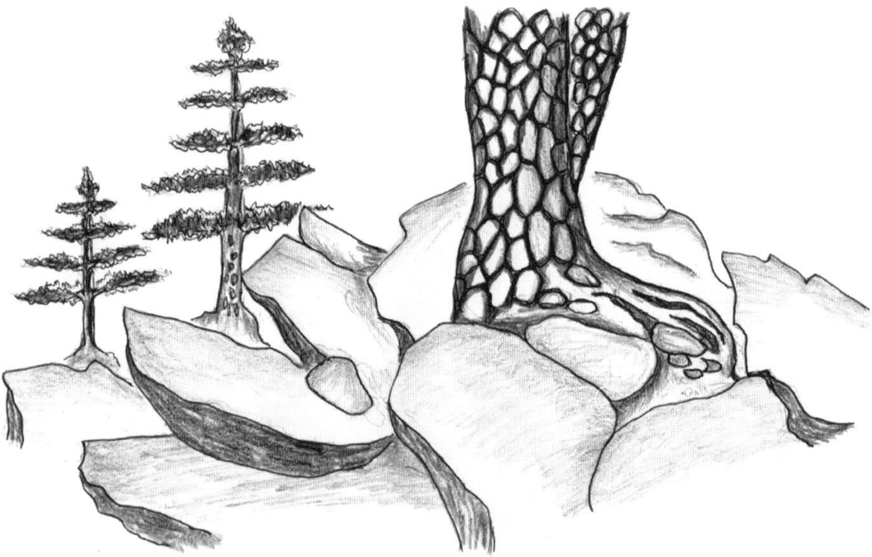

소요산 칼바위 소나무

산골풍경 789

아이구야
요것 좀 보셔요
서랍장 깊이깊이
밑바닥에서
곰팡이 핀 봉투
그 속에서 살고 있네
추억들이 살고 있네
소복이 모여 앉아
파랗게 살고 있네

산골풍경 790

허공에서
왁자지껄 떠드는 소리
쳐다보았더니
구름 타고 소풍 가는 영혼들
그들의 이야기가
반짝이는 햇살 되어 부서져 내리고
그들의 웃음은
살랑이는 바람 되어 날아가고 있다

산골풍경 791

세월에는
그 무엇도 어쩔 수 없네
불덩이도 식어서 지구가 되고
바위도 부서져 모래가 되고
하느님도 늙어서 귀가 어두워졌네
이렇듯 변하는 우주 속에서
변하지 않은 내 마음 하나
아직도 개구쟁이로 철이 없어라

산골풍경 792

이슬비는 어머니의 눈물
소낙비는 아버지의 눈물
이슬비 오는 소리는
어머니 목소리
소낙비 오는 소리는
아버지 목소리
이슬비 숨소리는
어머니 심장
소낙비 숨소리는
아버지 심장

고인돌(광주 향토문화유산 제1호)
광주시 초월읍 산이리 236-1
긴 축 620cm 짧은 축390cm 두께70cm

산골풍경 793

몸이 아플 때는
눈물이 흘렀지만
마음이 아플 때는
눈물이 말랐어요
눈물을 흘리던 밤엔
잠을 잤지만
눈물이 마르던 밤엔
잠을 못 잤어요

산골풍경 794

토닥토닥 발자국 소리
추억이 찾아와
마음속에 잠자고 있는
그리움을 깨운다
추억아
그리움일랑 건드리지 말아다오
어느 사이 시끌벅적해진 그리움
구비마다 묻혀있는
아픔들이 뛰쳐나와
내 마음을 흔들고 찌르고 자른다
미칠 것만 같은
와락 눈물이 쏟아질 것만 같은
순간은 지나가는 것
흔들리다 보니
어느 사이 나는
춤을 추고 있고
와락 웃음을 쏟아내고 있다

산골풍경 795

산으로 빙 둘러
병풍을 쳐놓고
밤낮으로 상영되는 이 산골은
하늘 영화관
낮이면
태양이란 주연 배우 따라
바람 구름 빛깔들의 조연 연출
밤이면
별이란 주연 배우 따라
달 안개 반딧불들의 조연 연출
이렇게 연속 상영
산골 영화관입니다

산골풍경 796

세월의 바람이 부네요
머리 올이 우수수 떨어져요
근육도 말라비틀어지고
생각도 바삭바삭 부서지네요
저런
옆에서는
생명 하나가 뚝 떨어져 날아가네요
내일이면
내 순서일지도 모르는데

굴핏집(삼척군 신기면 대이리)

산골풍경 797

신선도 농사를 짓네요
새들의 노래를 수확하고
야생화 웃음도 거두어오고
바람의 알도 바구니에 주워 담네요

신선도 먹어야 산다면서
이런 농사가
신선의 농사라네요

산골풍경 798

혼자 보기 아까운
이 산골에 숨어 핀
이름 모를 꽃송이야
이리 아름다운데
왜 숨어 사는 거니

무슨 소리 하는 거요
숨어 살다니요
하늘이 보아주고
구름이 보아주고
달님이 보아주고
별님이 보아주고

바람 소리
새소리
짐승 소리
영혼 소리

이렇게 어우러져
꿈속에 사는 걸요
그래
그래
하찮은 인간들이
무엇을 알겠남

산골풍경 799

손자 녀석 눈동자를
가만히 보았더니
보름달 아홉 개가 뛰어놀고 있습니다

아내의 눈동자를
가만히 보았더니
인연 아홉 개가 뛰어놀고 있습니다

내 눈동자를
가만히 보았더니
운명 아홉 개가 뛰어놀고 있습니다

제3부

시작詩作 메모

눈물을
먹어 본다
짭조름한
그 맛

산골풍경 800

꽃구름 한 장 또옥 따왔으니
아이야
홍두깨를 가져와라
홍두깨에 꽃구름 감아
밀고 늘려
칼로 썰어서
아침이슬 끓인 물에
찔레 향기 넣고 삶은
내가 만든 구름국수
너 한 그릇
나 한 그릇
배불리 먹자

산골풍경 801

하
세월의 발자국은
우째 이리 야무지나요
팽팽했던 내 이마가
세월의 발자국에 패여
이렇게 쭈글쭈글 고랑이 졌고
꼿꼿하던 내 등뼈도 짓밟아
이렇게 구부정하게 해놓고
단숨에 천 리를 뛰어가던 무릎뼈도 짓밟아
쩔뚝쩔뚝 걷게 하는
이렇게 세월의 발자국은 잔인하건만
그냥 웃지요

산골풍경 802

밤 깊은 산골에
애기별 또래의
별들이 포르르 날아와
재재거리며 깔깔거리며
놀고 있어요
구여워요 이뻐요
매미채를 휘둘러 별 하나를 잡았습니다
그런데 어떡해
하루 이틀 사흘
별별 먹거리를 다 주어도
전혀 먹지를 않네요
인간의 먹거리는 먹지 않는 별
오늘 밤엔 다시 날려 보내야겠지요

산골풍경 803

눈물로 보낸 미운 정
웃음으로 보낸 고운 정
고운 정은 한데 모아
가슴에 심고
미운 정은 한데 모아
불을 질러야지
그런데 어느 사이
고운 정은 가슴 속에 심어져 있고
미운 정은 뼛속에 심어져 있네요
고운 정보다 미운 정이
더 깊이 들어가 살고 있어요

영동 월류봉

산골풍경 804

사무치는 그리움
나만 혼자 잠 못 자고 서성이는가
쳐다보니 저 달도
잠 못 자고 구름 속을 서성이고 있네
내려다보니 연못물도
달빛을 안고 달빛과 속삭이며
헤살헤살 웃고 있네
너희들의 사연은 묻지 않을란다
이 밤의 산골풍경이여

산골풍경 805

저녁을 먹고 뜰에 나오니
반달도 구름 대문을 열고 나오며
나도 금방 저녁을 먹었어요
설거지하다가 나왔어요라며
행주치마를 입은 채로
인사를 한다
나는 쳐다보며 웃고
반달은 내려다보며 웃고

산골풍경 806

이 산골 둘레길을 걷습니다
앞서가며 뒤서가며
바람도 같이 걷고
숲 냄새 꽃 냄새도
따라서 걷고
햇살도 그림자도
따라서 걷고
이 산골 둘레길이
야단법석입니다

산골풍경 807

구름은
구름은
태어나는 것일까
만들어지는 것일까
구름 엄마가 있는 것일까
구름 공장이 있는 것일까
아니래요
바람이 알을 낳아
부화되면
껍질을 깨고나와 구름이 된다네요
구름은 태어나는 것
구름 엄마는 바람
저기를 보셔요
여기도요
바람이 소복소복 알을 낳았어요

경북 예천군 용궁면 신덕리

산골풍경 808

매월 그믐밤에는
북극성 뒷골목에서 열리는
하늘 시장이 있습니다
뒷산에 살고 있는 신선과 함께
밤 무지개다리를 건너
북극성 중앙시장엘 가 보았습니다
구불구불 긴 좌판에
별 아저씨 아줌마 할매들이 가지고 온
하얀 꿈 까만 꿈
빨간 빛깔 노란 빛깔
바람 소리 새소리
아가 향기 찔레 향기
돌부처 웃음 고사목 웃음
아침 이슬 저녁 이슬
낮 안개 밤안개 그리고 그리고
북극성 하늘시장 구경 중입니다

산골풍경 809

우리 동네 공동묘지는
신작로도 없는
저승의 오지마을입니다

그런데 어젯밤 자정부터는
귀신들의 씨름대회가 열렸어요
등 너머에서
먼먼 동네에서
귀신 선수들이 모여와
추첨으로 하는 씨름입니다
저 재주 좀 보셔요
잡치기 매치기 빗장걸기 배지기가 아니에요
팽이처럼 돌다가
나비처럼 날아오르다가
분수처럼 맴돌다가
사시나무처럼 떨다가
첫닭이 울면서 끝나는 제1부 씨름대회
2부는 내일 저녁으로 이어진대요

산골풍경 810

선들바람이 호루라기를 불면서
아랫마을에서 윗마을로
교통정리를 하며 올라옵니다
그 뒤에 윙윙 굴러오는 바람마차
바람마차 타고 오는 하늘 도련님
이 산골 지나서 선보러 간답니다
미간 가득히 사랑 꽃이 피어 있고
볼우물에 찰랑찰랑 꿈이 고여 있고
미소 짓는 입술가으로 노래가 흐르는
하늘 도련님의 저 풍체
저 품에 한번 안겨봤으면
같은 남자인데도 떨리는 가슴인데
하늘 아가씨는 어떤 마음일까
선보는 풍경이 궁금습니다

영암 월출산

산골풍경 811

세월의 불도저가
내 역사의 울타리를 허뭅니다
꿈의 깃발을 하늘 높이 휘날리던
내 젊음이 여기 있습니다
희망을 올올이 엮어 만든
천연색 무지개를 띄워놓고
무지개 따라 내려다 보던 그 눈길이
이제는 역사 속으로 날아가고
인생을 밀어 붙이는
세월의 불도저 소리만 진동합니다

산골풍경 812

철꺽철꺽 밤낮없이 돌아가는 하늘 공장
여기에서 만들어내는
철학 공장
과학 공장
수학 공장
윤리 공장
도덕 공장
권력 공장
종교 공장들
여기에서 만들어낸 제품은
지구로 수출하고 있다 하네요
그중에서 호황을 누리는 품목
권력과 종교라네요
주먹을 휘두르는 권력
나날이 번성해 사람 숫자보다 많은 종교
종교와 권력은 찍어내도 찍어내도
날마다 공급 부족이래요

산골풍경 813

신령님
신령님 찢어진 내 마음
무슨 실로 꿰매야 하나요
생각의 실로 꿰매야지

신령님
사랑이 찢어졌어요
인연의 실로 꿰매야지

신령님
꿈이 찢어졌어요
희망의 실로 꿰매야지

신령님
목숨이 찢어지고 있어요
그것은 신령님도 모르는가
아무 말 못 하네

산골풍경 814

캄캄한 이 산골에
별들이 소풍 왔습니다
나뭇잎에 숨어서
숨바꼭질도 하고
칡넝쿨에 올라타
그네도 뛰고
억새풀을 흔들며
춤도 추고요
야생화 꽃향기로
밤안개도 접고요
이 밤아 가지를 마라
이 밤아 새지를 마라
나도 별들 속에 뛰어놀고 있습니다

산골풍경 815

바람도 올라오다가
숨이 차서 되돌아가는 산골
구름이 날아가다가
자리가 좋아 자고 가는 산골
여기에 나의 원두막이 있습니다
외로워 보이나요
아닙니다
삼라만상 모두가 모여드는데
죄송하지만 원두막이 좁아
어른들은 사절하고
아가들만 반깁니다
이승의 아가들은 오전에
저승의 아가들은 오후에
하늘 아가들은 밤에 반겨 맞습니다
나의 산골 원두막
이렇게 붐빕니다

우포늪

산골풍경 816

가을바람에 밀려오는 그리움
가슴산 끝 골짜기에서
더 못 가고 솟음 치다가
스스로 불을 질러
동반 자살을 하고 있어요
사연의 구름다리도 불붙었고요
인연의 무지개도 흔적 없이 타버립니다
흐느끼는 눈물만 내려가지 못하고
거꾸로 하늘로 날아올라 갑니다

산골풍경 817

저기를 보셔요
가을 소풍을 온 물고기가
구름 위에서 뛰놀며
노래를 부르고 있네요
고기들도 이처럼 과학이 발달했어요
바다의 노래인가
구름의 노래인가
저들끼리 신명이 난다
지느러미로 박자를 맞추며 부르는 노래
아가미로 미소 짓는 율동
차츰 멀어지는 구름
동쪽으로 가고 있는 물고기 한 무리
우리 원두막 위를 지나가고 있어요

산골풍경 818

가을은 소풍의 계절
이 산골은 소풍의 중심지
귀신들도 소풍을 왔어요
무슨 말인지
재재재
따따따
히히히
놀다가 간 뒤에
잃어버린 것일까
어린 귀신 하나가 울고 있다
데려와서
밥을 주어도 못 먹고
떡을 주어도 못 먹고
송장만 달라하니 어쩌랴
저승 119로 신고
되돌려 준 아기 귀신

문경 동로 황장산

산골풍경 819

오늘은 내 생일
해도 뜨지 않았는데
문 앞에서 날 부르는
아버님의 목소리
문 열어 보았더니
저승에서 오신 아버님
미역국 끓여서
밥 한 그릇 담아 오셨네요
저승 가서도 이 자식 못 잊어
생일까지 챙겨주시건만
나는 아버님 생신도 모르네요

아버님의 마음은 이런 거고요
자식의 마음은 이런 거네요

제4부

시작詩作 메모

추억을
먹어 본다
그리운
그 맛

산골풍경 820

불행을 가지고 있는 사람
여기로 오셔요
이 산골 원두막 뒤에는
불행을 태워 없애는
소각장이 있습니다

산골풍경 821

내륙의 바다 충주호
물이 많긴 많구나
속이 타는 갈증을 만나
우물물을 다 마셔 봐도
연못물을 다 마셔 봐도
나의 갈증은 풀리지 않았는데
오늘 여기 와
충주호 물을 마신다
아직 다 마시지 못했는데
갈증이 다 풀린 걸 보면
충주호 물이 많긴 많네요

산골풍경 822

보고 싶어 하는 것은
그리움이고
그리워하는 것은
꿈입니다
꿈을 꾸는 것은
기도이고
기도를 하는 것은
바램입니다

산골풍경 823

이사 간 빈집을
지키고 있는 고사목
사람은 떠나갔지만
너는 죽어서도
이 집을 지키고 있구나
그 사연 자신만 아는가
구름 보며 손 흔들고
바람 따라 노래하는
고사목 지킴이

도담 삼봉

산골풍경 824

답답워서 못 살겠다
술잔을 기울이던
메마르고 팍팍한
서울 사는 친구야

오늘 아침 이슬을 따와
봉투에 넣어
속달로 보냈으니
마음 헹구고
자연에 취해 보렴

산골풍경 825

은하강 언덕 위에
유치원에는
어린 별들을 가르치는
선생님이 있습니다
글도 가르치고
노래도 가르치고
춤도 가르치는 여선생님은
이 산골에 살고 있는 선녀입니다

산골풍경 826

생글생글 웃음 짓는
반달 소녀는
무공해 소녀인가 봐요
내가 쳐다보았더니
남자의 눈길이 부끄러워서일까
구름 뒤로 숨어버리네요
보기만 해도 부끄러워 숨는 소녀
그래서 더더욱 귀여운 소녀
아니야
내가 숨어야지
나는 방으로 들어와 문을 닫는다

거제도 용송

산골풍경 827

천년 고사목이 부르는 노래를 듣는다
천년 고사목의 이야기를 듣는다
천년 고사목이 보여주는 역사도 본다

이 경이로운 인연의 삶

글로는 표현할 수 없어요
말로도 옮길 수 없어요
궁금하신 분이면
이 산골에 와 직접 들어보셔요

산골풍경 828

뒷산에 혼자 사는
신선의 초대를 받고
아침 먹으러 가보았습니다

별쌀로 지은 별밥에
저녁노을 뜯어 쌈으로 올리고
구름속잎 김치에
무지개 한 토막 구워 놓고
바람의 알도 삶아 놓고
달빛으로 끓인 국

이 산골에 살다 보니
나도 신선이 되어가나 봐요
이런 음식을 다 먹어 보고요

산골풍경 829

바람의 노래는
시 낭송이지만
물의 노래는
음악입니다

새들의 지저귐은
춤이지만
잎새들의 부딪침은
박수입니다

이 산골에 어우러진
시와 음악
여기가 극락이고 천국입니다

산골풍경 830

날마다 이 고개로
산 너머 가는 바람
그냥그냥 가나 보다
그래 생각했는데
야생화를 꽃 피웠네
수풀도 가꾸었네
산 너머 가는 바람은
산골의 엄마야

울진 불영계곡

산골풍경 831

세상은 온통
발자국 천지
보일 듯 말 듯한
하루살이 발자국
개미 발자국에서
토끼 발자국
황소 발자국
그 위를 밟고 간
겹겹이 찍혀 있는
구름 발자국
세상은 온통
발자국 천지

산골풍경 832

내 인생은 이렇습니다

어머니의 젖꼭지를 물고
이 몸이 이렇게 자랐습니다
고맙습니다 어머님

아버님의 젖꼭지를 물고
이 마음이 이렇게 자랐습니다
감사합니다 아버님

멋대로 마음대로
혼자 큰 줄 알았는데
이제야 조금 철이 드나봅니다
어머님 생각을 하고
아버님 생각을 더듬고 있습니다

산골풍경 833

섣달 그믐밤 0시
또 한해가 영영 떠나가네요

온 일 년 동안 무얼 했나
결산을 해본다
공부한 것 없고
돈 번 것도 없고
흔적 하나 남긴 것
이마에 훈장 하나
주름살이 더 생겼네요
이것이 온 일 년
발버둥 친 결산입니다

산골풍경 834

하늘 바다에 흘러가는
별들이란 배들이 있습니다
항공모함만 한 별도 잇고
유람선만 한 별도 있고
화물선만 한 별도 있고
돛단배만 한 별도 있고
조각배만 한 별도 있고
가랑잎만 한 별도 있고
콩알만 한 별도 있고
좁쌀만 한 별도 있고
먼지만 한 별도 있고
우리 지구는 얼마만큼 큰 별인가요
가랑잎만 한 별입니다
우리 인간들
우리들은 몰라라
가랑잎을 타고 가고 있는 줄을

제천 옥순봉

산골풍경 835

행복도 3일이고
불행도 3일이라 했나요

행복을 기다리다가
불행을 만났습니다
행복이 찾아오는
3일 후를 생각하셔요
꼬리를 내리고 슬금슬금 도망가는
불행이 보입니다

그 모습만 보아도
우습지요

산골풍경 836

내가 사경을 헤매이든 날

어머님은 낮에 우셨고
아버님은 밤에 우시는 걸 보았습니다

어머님의 눈물은 집안을 적셨고
아버님의 눈물은 산을 적셨습니다

그런 어머님은
집안에서 꽃으로 피어있다 지셨고
그런 아버님은
뒷산에서 태양으로 피어있다 지셨습니다

산골풍경 837

이 산속 바위틈에
하얗게 빛나는 수정
누구의 혼이기에
이리 눈부시나요
수정 속을 들여다봅니다
어느 누구인지
이름도 성도 없는
혼백이 뛰어놀고 있습니다
얼마나 얼마나
고귀하게 살면
이렇게 수정으로 다시 태어나나요
죄 없이 살 수 없는 사람은 아닐 거예요
나도 사람이기에
그런 꿈은 헛꿈인가 봅니다
그래도 헛꿈을 꾸고 있습니다

산골풍경 838

오늘이
보름달 출산일인가 봐요
보름달 젖가슴이
탱탱 불었어요
저네 집에 가서
애기를 낳으려나 봐요
무거운 걸음으로
산 넘어 가네요

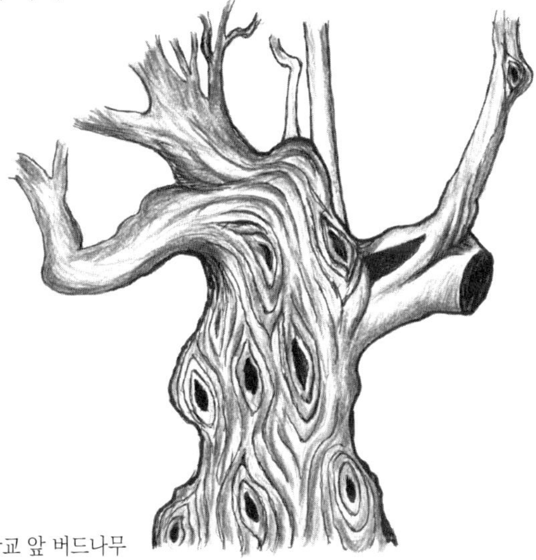

남원 광한루 오작교 앞 버드나무

산골풍경 839

저 파아란 하늘빛이
이제야 아버님의 색깔임을 알았습니다

힘차게 돌아가는 내 심장의 피가
이제야 아버님의 힘으로 돔을 알았습니다

아슬하게 올라온 내 인생의 사다리
이제야 아버님의 손길임을 알았습니다

아버지 불러도 대답 없던 그 목소리
이제야 여기 있다 하고 들립니다

산골풍경 840

광한루를 휘어 감고 춤추는 밤바람은
버드나무로 가락을 퉁기며 월궁가를 부르고

연못가를 거닐며 소풍 나온 저 달은
파문으로 그림을 그리며 시를 쓰고 있네

하늘을 버리고 여기에 와 살리라
뛰어내린 별들이 잉어가 되어 지느러미를 흔들고

이곳을 지키리라 일만의총 순절한 넋이
닭이 되어 남원을 품고 볏을 세우고 있네

-경기도 문인협회 남원문학기행 테마시입니다